깨달음 하나

황애라 시집

시와
사람

깨달음 하나

2025년 10월 25일 인쇄
2025년 10월 31일 발행

지은이 황애라

펴낸이 강경호 편집장 강나루 디자인 정찬애
펴낸곳 도서출판 시와사람
등록 1994년 6월 10일 제 05-01-0155호
주소 광주시 동구 양림로119번길 21-1(학동)
전화 (062)224-5319   E-mail jcapoet@hanmail.net

ISBN 978-89-5665-799-8 03810

값 12,000원

＊잘못된 책은 구입하신 서점에서 바꾸어 드립니다.
＊지은이와의 협의로 인지를 붙이지 않습니다.
＊이 책은 전라남도, (재)전라남도문화재단의 후원을 받아 발간되었습니다.

이 도서의 국립중앙도서관 출판예정도서목록(CIP)은
서지정보유통지원시스템 홈페이지(http://seoji.nl.go.kr)와
국가자료종합목록 구축시스템(http://kolis-net.nl.go.kr)에서
이용하실 수 있습니다.

ⓒ 황애라, 2025
이 책의 저작권은 저자에게 있습니다.
저작권에 의해 보호를 받는 저작물이므로
출판사와 저자의 허락 없이 무단 전재와 복제를 금합니다.

깨달음 하나

■ 시인의 말

시간 녹여낸 단풍 사이로
유독 푸르게 서 있는 비자나무가 있다

온통 단풍 든 산에 초록이 있었으니
돋보였다고 해야 될까

봄 여름 함께 나는 동안 몰랐던 풍경을
가을로 가득 채워지는 날에야
비로소 볼 수 있는 순간이다

단풍 든 가을 산에 오르니
마음도 울긋불긋 물들어 간다

아름다운 순간이야
수없이 많을 테지만

매일
피고 지는 일상의 소리 바깥에서

문득
작은 깨달음과 진리를 알게 되는 일

그 순간이야말로
가장 값지고 아름다운 순간이라 말하고 싶다.

                              2025 어느 가을

                                    황애라

깨달음 하나 / 차례

□시인의 말 · 6

제1부 마음 그릇

16   마음 그릇
17   억새
20   낙타등
22   날마다 그랬으면
24   매미 울음
26   송호리 해변
28   명자꽃
29   쑥
30   하늘 벽지 안을 나는 동안
32   씨줄과 날줄
33   벽
34   상족암
36   호미곶 등대
37   그림자

대둔산　38
강변에서　42

제2부 민들레 노래

민들레 노래　46
봄까치꽃　47
알람 시계　48
반쪽인 채로　52
석류　54
이별　55
누군가는　56
다시, 봄　57
이른 아침　58
계절이 몇 번의 옷을 바꿔 입을 무렵　60
늦가을　62
기다리는 동안　63
무등산　64

66 　독도 -작지만 큰 섬

제3부 깨달음 하나

70 　깨달음 하나
71 　살면서
72 　온도
74 　풀의 각성
77 　계절 끝에서
78 　옷장 정리
79 　노부부
80 　치잣꽃
82 　자연인
86 　어느 성자의 길
88 　유빙流氷
90 　빈 둥지
93 　흔적의 그늘
96 　유리벽

입하 앞두고 98
달빛 흐르는 동안 100

제4부 청보리 필 때면

청보리 필 때면 104
간절곶 105
정읍사 오솔길 106
입동 108
시나브로 109
조문 110
불갑산 가는 길 112
구절초 노래 114
아직은 115
겨울꽃 116
저녁 거리 118
아버지의 그늘 120
그리움 123

124 사과밭
127 수제비

작품론
128 황애라 시인의 시집 출간을 축하하며 / 박덕은

깨달음 하나

제1부

마음 그릇

마음 그릇

그릇의 금은
강도에 따라 한 번에 깨지기도 하고
실금처럼 조용히 깨질 수도 있다

알기도 하고 모르기도 한 사이에 금은 생긴다
크고 작은 생채기를 내기도 한다

실금들을 일시적으로 붙였다 할지라도
그 자국은 남게 된다

많은 것을 담을 수 있지만
깨질 염려도 많은 그릇의 존재

사람의 마음도 그릇과 같아서
깊이와 그 크기를 알 수 없으나

담고 비우는 일에
너그럽고 단단한 그릇이고 싶다.

억새

몸의 피부처럼 달라붙어
강변 따라 단단히 뭉쳐 있다
언제부터인지 몰라도
단단한 벽처럼 빼곡하게 뿌리 내리며
강을 파수하고 있다

생의 마지막 처소 보호하기 위해
오래오래 서걱이는 머리카락 쓸어 넘기다가
정갈하게 참빗질하다가
부서지는 물소리 주워 담는데
찰랑찰랑 이가 시린 가을이 나란하다

누런빛 잠재된 생각들로 흔들리는 계절
빛나는 불빛이 달린 트리 장식 앞에서
강물처럼 지나간 날들이 깜박거린다
익숙한 흔들림은 오랜 습성으로 말하고
바람길 내며 서걱이는 소리 지른다
계절이 교차할 때마다 뻣뻣하고 푸석한 자리에
또 다른 푸른 싹이 돋아나듯
야생의 기질 버리지 못해 다시 꿈꾼다

해 질 녘이 덮치고
어스름의 안색이 꼬여도
멀고 먼 아침이 입안에서 맴돌기에
몽유의 밤 빠져나와
내일의 체질로 바꿔야 한다

바람의 뒤안길에서 흔들림과 고요 사이 헤매다가
착각의 날개 꺾인다 해도
내면의 파도 높아올수록 돌아오는 파장은 길었다
향수 찾아 힘껏 날아가는 철새의 꽁무니 바라보며
억세게 뿌리 내리는 마른 항변을 본다
자신의 존재는 버리지 못하듯
끈끈하게 말라붙은 상념의 깃 마구 흔든다
저 멀리 한계 건너오는 날갯짓은
풀씨의 기억 품고 한껏 날아오른다
세찬 바람에도 꺾이지 않는 군무를 춘다

춤추는 길목마다
수많은 적극의 방식 같은 손동작들

맹목의 발자국들은 서걱서걱 포개지고
나태한 어제의 표정은 흘러가고 없어
지켜야 할 강의 방향에 맞춰 눈빛까지 바꾼다
약해서가 아니라 순응하는 중이라고
억척스럽게 몸 흔들어 말한다.

낙타등

낙타가 바람 등지고 걷는다
긴 세월 묵묵히 걸어왔을
늙은 낙타 등에
건조한 바람 한 줄기 지나간다

끝없는 모랫길
등에 진 짐 어쩌지 못해
터벅터벅 걷는다
걸을 때마다 그녀의 허리는
언제나 땅을 보고 있다

길은 세세한 생김새까지
그녀의 친구가 되어 준다
함께 호흡하며
마주보며 걷는 동안
지면과 가까워질수록
좀처럼 펴지지 않는 허리

구부정한 등에는
노을이 더 빨리 내려앉는다

허리 펴서 하늘 보는 시간은
고된 허리 방바닥에 누일 때다
주름이라도 펴려는 듯
지난 일들 별빛으로 쏟아져 내린다.

날마다 그랬으면

큰 불덩이 하나
가로수 사이로 가라앉는다
찬란한 아쉬움이
소리 없이 잠기는 순간

붉은 해는 사라지고
안타까움은
이내 어둠과 순응한다
세상과 사람
모두 저마다의 불을 밝힌다

우리 가슴에도
간절함 물들 때
그렇게
누군가의 등불을 켠다

어둔 밤
홀로 선 등대처럼
언덕길 외등처럼

화려함 버리고
온몸으로
제 몫 다하는
놓치고 싶지 않은 순간을 켠다.

매미 울음

삼복더위 끝자락
고독의 긴 시간 뚫고
어느 순례자의 목 터져라 우는 소리가 있다

막바지 더위 한창인데
더욱 요란히 허공 가르는 소리
둘렀던 허물 힘겹게 벗고
쉼 없이 귀청 때리는 저 소리

어쩌면
일생이 걸린
소리인지도 모른다

자지러지는 소리 계속되는데
나무 아래엔
온 힘 다해 울던 흔적이 뒹군다

세상의 슬픔도 저리 뒹굴다가
순간순간 이리 흔적이라도 남기는 걸까

사람도 속울음 울 때가 있다
매미의 울음주머니보다 더 큰 주머니 달고

소리 삼킨 슬픔이
바닥으로 떨어지는 때가 있다.

송호리 해변

땅끝
바위 자락에
쉴 새 없이 포말이 인다

물렁한 것도
모이면
거대한 소리를 낸다

힘껏 밀어붙이고는
이내
약해져 버린 물살

어떻게 밀려왔든
한 번쯤
막다른 길목에 서게 된다

맥없이
물거품이
된다 해도

우직하게 밀려온 힘에 막혀
더는
나아갈 수 없다 해도

저리 부대끼며
생애 어디쯤
걸려 있다

거대한 파도일 수 있고
작은 물방울일 수도 있고
그 사이를 맴돌고 있다.

명자꽃

이른 봄
소담한 울타리에
존재 하나
가시가 있는 이름에는
빛깔도 향기도
더 선명한
오늘이 달려 있다.

쑥

마른 풀섶 헤치고
얼굴 내민다

자신만이
세상의 전부인 양

모른 척하는 사이
아닌 척하는 사이

잡풀과 함께 자라도
반듯한 이름 하나

한 바구니 수북이
풋풋한 그 시절 담겨 있다.

하늘 벽지 안을 나는 동안

구름과 하늘의 절묘한 만남
쉬이 가 닿을 수 없는 시간 그 사이로
철새 행렬 지나간다
생애 어디쯤
허름하게 걸린 시간 깁고 있고
거기 모퉁이 돌아온 바람이 있다
다가가기 힘든 막연한 거리,
저어온 시간만큼 아득함 지고 지나친다
종착지 향한 길
풍경은
잠시 지우고 버려야 한다
하늘이
구름 벽지 무늬로 수놓을 때
철새 무리는
아직도 벽지 안을 날고 있다
바람에 걸림 없는 허공만이
감각 저편을 기억한다
기억은 자꾸만 아래로 흐르고
사투의 시간 끝에도
허공에 걸리는 점들

평생 저어오던 저 날개의 힘
그림자 뒤에서도
힘없이 목 꺾일 때
중력 없는 지점으로
낙하할지 모른다
온 힘 다해 몸부림하다
생애 어디쯤
아득한 눈빛으로 떨어질 때도
허공의 날갯짓 잔영 아래로 눈부시다
벽지 무늬결 다시 풍경이 된다.

씨줄과 날줄

서로 얽히면서도
가야 할 길 간다

느슨하게
때론 팽팽하게

어느 날은
견고한 만남

어긋난 순간부턴
엉망진창

우리 길은
시간의 틀을 짜고

울고 웃는
이야기를 엮는다.

벽

마주할 면과
기댈 면이
필요하다

서 있을 힘과
드나들 수 있는 문도
필요하다

기둥 사이를 버티는
어설픈 세계도
존재라는 의미로 만나

함께한 순간부터
벽이 되기까지

서로
기댈 등이 되어버린
우리니까.

상족암

층층이
세월 떠받치고 있는 저 힘

바다는 조용하다가도
육중한 몸짓으로 말을 한다

무정한 시간 견디며
물때 기다리는 길 잃은 발자국

패인 화석에 바닷물 고이고
작은 잎 하나 유영한다

화인으로 박힌 순간이
기다림의 시간이었는지

아찔한 순간이었는지
계절은 어디쯤 달리고 있었는지 모를

가파른 암석 사이 박힌 침묵은
견고한 시간의 외벽을 치고

그 틈으로 풀씨의 아찔한 호흡이
푸른 바다에 취해 있다

아슬한 만큼 믿음이 있기에
깊이 박힌 아픔도 품고 사는 것일까

화석이 된 발자국
훌쩍 일어나
비상이라도 할 것만 같다.

호미곶 등대

밤새 암흑으로 다그친 시간 속을 달려야 했어
나선형 계단에 갇힌 어지럼증 돌고 돌아
한 줄기 빛의 골목에 집중하며 물의 어귀에 깔면
감각들이 부서지며 밤바다에 촉수 세우는
한낮의 사연 제각기 하늘로 날아올랐지
불안 발설하는 어선의 꿈을 다정한 갯내음의 말투로
다독이고
은근슬쩍 바다의 속살에 안길 때도 있었어
짠내 나는 그리움이 윤슬로 기다림을 무한 복제하면
빈 물그늘만 길어 올린 그믐 같은 아픔 뒤로하고
다시 몸 여는 갈망은 철썩거려
수평선 너머 귀항 서두르는 물꽃은 피어났어
먼 바다에서 입술 잃고 난파된 안부처럼
돌아오지 못한 것들이 보고파
짭조름한 바람보다 더 끈적일 때가 있어
그럴 때면 바람이 놓고 간 물결에 자꾸만 멀미가 나
목숨의 중심 잃고 갈피 잡지 못하는
울컥임이 마구 출렁거릴 때
밤바다로 뿌리 내리는 집념
그 끝없는 질주를 하지.

그림자

휘어지는 복도
네모 난 유리창으로

햇살 들어와
칸칸이 그림을 그린다

시간 따라
그림을 옮기기도 한다

때론 눈짓 하나로도
그림을 그린다

간혹 살아가는 일이
부담스러운 그때.

대둔산

서둘러 말하고 싶은 게 있나 보다
뒤척이던 가지는 앓던 자리
못내 팔락거린다
숭숭 뚫린 시간 미련 없이 벗고
아등바등하는 모습 보이지 않겠다며
마른 몸 휘적인다

올라가는 방식으로
내려놓는 법을 터득할 수 있다며
발끝에 힘 실어 정상 향한다는
걸음에 의지한다
어제의 벼랑 짊어진 나무에서
아슬아슬한 허공길 걸어나온
오늘의 평온이 보인다

정상으로 오르는 길은
평지보다 먼저 찾아온 추위가
한껏 흰 눈 뿌려댄다
산은 아직 낯선 잔설 입고
바위와 오솔길은

불어대는 칼바람을
온몸으로 맞서는 중이다
앞서간 손길이 남긴
평상 위 작은 눈사람까지도

저만치 갈림길이 보인다
하나는 올라왔던 길
다른 하나는 내려가고픈 길
눈 덮인 길은
내려가고픈 길을 막는다
어슴푸레 발자국만 남기고
시간은 오후를 훌쩍 넘기더니
성큼성큼 그늘져 간다
해는 어디에도 없고
잿빛 하늘만 휑하니 남은 채
더는 발길 보이지 않는다

내일을 배웅하는 무관심처럼
앞서간 뒷모습들은 흩어져 사라지고
생의 오르막도 내리막도

모두 덫으로 잠복해 있을
소복소복 새하얀 길만
방향 이끌며 나아가고 있다

맹렬한 추위가 달려오면
잠잠하던 산은
치열한 변화에 귀기울일까
발길이 흘리고 간 길에
귀를 대는 의식으로
산은 잠들까
긴장으로 버티며
가파르게 거쳐간 관절들이
돌계단을 구른다

서두를수록 멀어지는 흔적들은
뚜벅뚜벅 속도 내고
바람의 심장 이식한
한 마리 따스하고 흰 짐승
그 설원은
해 질 녘을 향해 달려간다

크고 작은 돌탑을 지난다
낱장의 돌들 주워 올린 짧은 찰나에도
쌓고 흘러낸 말들이 있다
마음속 오래된 사연까지
엉성하듯 견고히 쌓여 가며
고스란히 포개진다
적막 읽어낸 자리마다
솟구치는 문장 날아오른다
어쩌면 삶도
저리 탑이 되어 가는 것일까.

강변에서

강변 둑방길 쉼터 난간에
잠시 마음 세운다

풍경 저어오던 새가
어느 화가의 붓끝에 걸린 듯
춤을 춘다

참나무 가로수
시원한 소나기 소리

지난여름 떼창으로 울던 매미 소리
아직 귓가에 맴도는데

또다시
여름이 왔다

한무리의 웃음소리
벤치에 앉았다 가고

자전거 페달이

체인 소리 내며 *끄억끄억* 지나간다

등 뒤로 중량 알 수 없는 트럭이
묵직한 소리로 사라질 때

수면 위 날던 물새의 방향도
어디론가 사라졌다

바람과 그늘이 만나는 곳
무념으로 서 보니
벗어내야 할 것이 사뭇 많다

체한 듯 풀린 듯
순환의 귀퉁이 돌아오는 강변 이야기

쉬어 가면 보이는 것들
물비늘에 살랑거린다.

제2부

민들레 노래

민들레 노래

금 간 시멘트 바닥
거기서 한 뼘이나 자란 꽃

계절 앓고 온 바람이
그 곁에서 헤살거린다

어느 날 틈을 만나
하나의 존재가 되었고

그렇게
인연이 되었다

다시
홀씨의 계절
가벼운 채비를 해야 한다.

봄까치꽃

초록 뭉쳐
언 땅 여는 꽃
어디서든
나지막이 피는 꽃
가까이 다가서면
그때서야 보이는 꽃
척박한 땅이라도
한철 홀연히 피어나
불러 줄 이름 하나
곁에 있다면
참 좋겠다.

알람 시계

화창한 봄날
터지듯 알람이 울린다

몽롱한 잠은 깨어 탄성 지르고
꽃으로 장식된 터널을
화사하게 빠져나온다

망상을 자극하는 길몽이든 흉몽이든
잠꼬대 같은 꽃받침과
졸음 묻은 꽃대궁으로
내일의 근육 단련해야 하기에
허겁지겁 잠의 나라 걷어차고
일어나야 한다

알람 소리에 놀라
꽃은 지고
길에는 꽃잎들이
수북하게 쌓인다

꽃 진 자리 푸른 그늘 펄럭이며

가장 먼저 가을물 들이고
서둘러 겨울로 달려가는 나무

한겨울 잎 하나 남김없이 다 비우고
시리게 겨울나며
철마다 제 몫 다하는 나무는
어쩌면 제 몸이 알람이다

수많은 시침과 분침
가지와 잎으로 방목하고
초록을 닦달하며 낮과 밤 껴입어도
아무 일 없다는 듯
환절기 건너뛸 수는 없다

매년 익숙한 길
무심히 지나치다
창밖으로 흐르는 풍경을 본다

어김없이 계절을 분할하며
한 해 걷는 나무

털지 못한 미련 얼마쯤 매달고
마냥 펄럭이며 한 해가 간다

계절 귀퉁이 지날 때면
나무도
저리 몸살을 앓았을까

해진 제 그림자 기워 입고
혼자만의 깊이로 밤을 끌어안는데
추락의 증언처럼 어둠은 몰아치고
곧 지워질 이름들만
새벽처럼 다가와
뚝뚝 사라졌을까

사는 것도 피고 지는 일이라
때론 주변 돌아볼 여념 없다지만
물오른 시간 그 틈으로 향기와 그늘이
제 시각에 맞춰 계절 훌쩍 뛰어넘는다

적당한 간극으로 심겨진 생각들로

거리가 채워질 때부터
철마다 허공에 쓰는
저 꽃과 잎의 언어들.

반쪽인 채로

아파트 울타리에 키 큰 나무가 서 있다
한쪽은 살아 있고 다른 쪽은 흡사 병든 모습이다
한 해 동안 이파리 한 장 없는데도
꿋꿋이 겨울나고 봄을 맞았다
이웃한 나무들도 그랬다
어느 날 살아 있는 나무 한쪽이
마비된 팔을 꼬집는다
살아 있는 쪽이 그렇지 않은 쪽을 탓한다
감각 없는 자리에
무른 아픔이 자라고
무른 자리에 다시 자리 트는 게 있다
매달린 기억의 몇 잎
초점 잃고 흔들릴 때면
눈망울은 기억의 순간 헤매고
웅얼거리는 소리만 엇박자로 공간을 파열한다
반응 없는 가지에 설움 엉키고
서로에게 기대는 동안
봄인데도 겨울인 듯 덧없는 시간 흐른다
봄꽃은 환상처럼 피어
하늘 휘저으며 날린다

한쪽 잃고도 살아가는 나무처럼
얼마를 앓고 버텨야 푸른 잎 달 수 있을까.

석류

한철 물들이다가
알알이 맺혀 휘어지다가
다 품고도 보일 수 없는 마음만
채우고 채워
슬며시 터뜨리는
붉디붉은 열망.

이별

또
한 사람이 갔다
동백꽃 툭 떨어지듯

꽃이 만발한 봄날
그는 꽃이 되었다

이젠 그 꽃을
볼 수 없다

그리운 향기만
덩그레 남았다.

누군가는

작년의 그 봄은
아니라고 말했다

올해도 여전히
같은 봄이라고 말했다

바람은
아무려면 어떠냐고 말했다

이런저런 말에
봄은
상관하지 않았다.

다시, 봄

입춘 문턱에서 계절이 서성인다
설익은 바람 앞에 가만히 서 보는데
이제는 시작해도 좋을 시간이라 말한다.

이른 아침

호숫가에 목선 하나 떠 있다
늘 미동 없는 배
안개 자욱한 오늘은 스르륵 움직이며
금방이라도 강으로 나갈 채비 할 것 같다
연잎이 뻗어오는 길 목선 가까운 곳
작은 폭포 따라 물 떨어지는 소리만 주변 울리고
다리 난간에 걸린 낡은 거미줄 사이로
짙은 안개 걸려 있다
치렁하게 늘어뜨린 버드나무잎은
바닥 쓸 정도가 되어서야
가지 몇 개 잘려 나간 모습으로 나타난다
부들초 갈대 사이 자리한 오두막 위에도
하얀 안개 내리고 있다
같은 자리 같은 모습이지만
안개 자욱한 날은
풀 위에 놓인 작은 돌까지도
고요한 명상에 잠긴다
왜가리 홀로 거닐고
그 뒤로 등 굽은 허리도 지나간다
닮아서 더욱 휑한 자리

한 겹 더 내린 안개가 하얗게 덮고 있다
뚜렷한 형체 밀어내며
잠시 딴 세상에 온 듯 발길 민다
착시 속에서만 더욱 신비하게 돋아나는
사물의 뒤켠
동공이 하얀 벽에 부딪히는 순간에도
뚜렷한 물체는 반응하지 않는다
소리들도 과묵하다
어스름한 잠의 문 여는 순간부터
제 발걸음 기억하는 우리
둥지 틀고 싶은 공간 찾아 늘 헤맨다
발걸음 차츰 귓속에서 멀어져 가고
안개는 아직 떠나지 못한
목선의 실루엣 가지런히 벗기고 있다.

계절이 몇 번의 옷을 바꿔 입을 무렵

처음이란 말
참 두근거린다

서슴없이 뭉클하고
힘 있는 말
설렘과 함께 온다

서로의 간극
어색함과 낯설음이
편안해지듯

나무의 앙상함이 정겨운 까닭도
계절을 함께한
그 이유 때문일 것이다

늘어진 해안 따라
겨울나무는
온통 시린 표정으로 서 있지만

펼쳐진 바다는

해무와 구름 속에서
더욱 파란 이를 드러낸다

주머니 속 담겨진 말들이
겨울 바다에
눈처럼 내린다

첫 느낌으로 오는 순간들
잔잔한 파도 타고
밀려온다

특별한 순간만큼은
처음이란 찬란함 두르고
첫눈처럼 온다.

늦가을

입동 지나
비가 내린다

텁텁한 흙내음 밀어 올리며
추위 끝에 분주함이 걸려 있다

누군가는 사색에 깃드는
만추의 계절

매달린 자리도
떨군 자리도
그저 스산하기만 하다.

기다리는 동안

뜨거움 내리꽂던 주차장 한 귀퉁이
건물 벽에 그늘이 진다

시동 끄지 않은 엔진음이
매캐하게 주변을 잠식해간다

멀리 과일 트럭의 확성기 소리
나무 위 새소리
자신만의 구역인 양 자유로운 풍경이다

해의 뒷자락 삼킨 산허리에
짧은 하루가 잠기고

바람 한 줄기
밀려나는 여름 뒷자락을
툭툭 털어낸다.

무등산

한 발 한 발
계절 건너온 낙엽들
푸석한 얼굴로 바스락거린다
수북했던 만큼이나 찬란했을 시간들

아이들 무등 태운 지난 시절
지면에서 훌쩍 들어 올려져
아슬아슬한 어깨 위에서
마냥 좋아하던 웃음이
능선 따라 오른다
재를 몇 개 넘다 보면
억새밭이 강물처럼 출렁이고
인적 드문 그 바다에서
맘껏 표류해도 좋을
글귀를 쓴다

무심 앞에 서 보는 일 쉽지 않다
흔들리는 억새 앞에서도

흔적이 박힌 정상에서

그늘을 밟는 일은
늘상 조심스럽다

솟구쳐 오른 만큼
당당한 외로움과 경계의 눈 떼지 않는 산
여전히 고을의 파수꾼으로 서 있다.

독도 -작지만 큰 섬

섬으로 가는 길은
두근대는 설렘이 있다

동해의 작은 등불
고요하고 평화로운 터전

순리의 길 몸소 알아가며
서로 다독이는 곳

섬에서는 모든 게
겸허히 하나된다

저마다의 지경
침범하지 않고 산다

불어오는 외로움도
가슴 깊이 품는다

고깃배는 바닷길 알고
새들은 부리 내릴 곳 안다

섬에서는
가장 먼저 해가 뜨고

가장 늦게
바람이 잠든다

벼랑 틈 작은 식물까지도
옹기종기 모여 푸른 고독을 털어낸다

섬은
외로운 곳이 아니라 기다리는 곳이다

풍화되고 삭아지는 만큼
삼키고 품으며.

제3부

깨달음 하나

깨달음 하나

비자나무 푸른 가지 창창하던 날
단풍은 절정으로 타올랐다

지난여름
모두가 푸를 때는 몰랐다

계절이 무르익고
모두가 화려함으로 옷 갈아입을 때도

그저 묵묵히 서 있는
저 비자나무

푸르름도 돋보일 수 있다는 걸
그때 처음 알았다.

살면서

빼곡한 대나무 숲에
소나무 한 그루
흡사 갇혀 있는 듯한 나무는

아득한 높이로 자라
대나무와 같은 키로 서 있었다

제대로 펴지 못한 어깻죽지 어쩌지 못해
대나무 사이사이 힘겹게 가지를 내뻗고 있었다

숨조차 쉬지 못할 것 같은데
갑갑한 시간 어떻게 견뎌냈을까

숙명의 길은
나무들만의 일은 아닐 것이다

탓하고 싶거나 푸념하고 싶을 때면
대나무 숲 그 소나무를 생각하기로 했다.

온도

뭘 튀겨도 맛있다는 기름 냄새가
혹한을 덮을 거라고는 생각지 않는다

이 순간 봄이 갑자기 찾아오지 않는 것처럼
생각 언저리 물들이며 하염없이 눈이 내린다

채움이 충분치 않은 마음 저장고엔
편편한 것들이 묵은 먼지처럼 내려앉는다

달궈지지 않는 심장
끓는 점에 올려 보려 하지만
표면에서만 미동할 뿐

겉만 타지 않고 눅눅해지지 않은
최상의 온도를 갖고 싶다

고구마가 풍덩 풍덩 빠질 때마다
예민한 온도는 그저 혼미하다
향기 흠뻑 두르며 적정선에 반응하지만

길 내지 못한 발자국 위에
다시 눈이 쌓이고
창밖 한파는 영하의 온도에 애타게 끓는다.

풀의 각성

감자 심은 텃밭에
한 움큼씩 풀이 자랐다
잠시만 내버려 두면
여기저기 발 디딜 틈 없이
온통 풀밭이 된다

충혈된 몸짓으로
과장된 자아에 도취되어
매일매일 자라는 자신의 방향
꿋꿋하게 지지하며
초록의 영토 확장해 간다

풀도 관심 받고 싶어
안달이 난 것일까
억세게 버티며 양보하지 않는다

풀과 식물의 거리는
한 몸인 듯 동상이몽
잡초이다 못해
주인공 행세까지 하려 한다

의기양양 한철 버티는
풀의 족속
당찬 야생의 기질 때문에
당해 낼 재간이 없다

텃밭은
풀의 뒷배경이면서 중심
마찰음도 없는 잡초의 태도로
두둑과 고랑 지나가도
편견이 없는 허공은 말이 없다

여름이 끝날 무렵
주객이 전도된 모습 보게 된다
누군가 돌보지 않은 공간은
결코 호락호락하지 않다

잡풀이라는 시간에 잠식 당해
순간순간 허비해 버린 적 있다
때로는 스스로 잡풀이 된 적도 있다

서둘러 핀 비틀거림은 한사코
아침에서 저녁으로
나에게서 너에게로
어둑하고 왜곡된 몸 야금야금 섞으며
함부로 내던져져 깨지고 찢겨진 한때

맘대로 자라다가
풀썩 말라가는
마음의 풀밭 가진 적 있다

뒤돌아본 자리
보이지 않지만
벌거숭이로 서 있는 모습
바라본 적 있다.

계절 끝에서

차창 밖으로 듬성듬성 빨간 열매 보인다
봄날, 그 자리에 노란 산수유 피었나 보다

마음 줄 여유 없이 꽃과 열매 내는 나무들
일상의 변화 늘어갈 때도 순응하며

쉴 새 없이 사계를 노래했나 보다
혼신의 힘 다했나 보다

바람 한 자락 부니
낙엽 우수수 떨어진다

저울추에도 계절은
말없이 성숙해 가는데

괜실히
계절 탓을 하나 보다.

옷장 정리

주인 손 타지 못해
한 해 넘긴 미련처럼

버려야 하지만
내려놓지 못한 것들

옷걸이에 걸린 옷처럼
누군가의 짐이 된 적은 없었는지

새벽 기다리는 달빛처럼
어디쯤 서성대지는 않았는지

옷걸이의 옷 내리면서
오래된 것들 정리한다.

노부부

아파트 보도 위를
옛정이 걷고 있다
남편은 지팡이를 짚고
아내는 목에 핸드폰 줄을 하고
아장아장 아이처럼 걷고 있다
가만가만 키 작은 대화를 나누며

잎들은 푸르고
정담은 하늘하늘 걷다가
나무 옆 벤치 위에
사뿐히 앉는다
이파리들은 그 옆에서
살랑거린다.

치잣꽃

치잣꽃 핀다
여름이 오나 보다
꽃잎은 열기 말아
더욱 순백으로 속삭인다
꽃이 드문 여름
꽃처럼 향기로운 사람

이름을 알기 전
향기 담았던 그대로
시절을 건너도
향기는 배어 변하지 않듯
치잣꽃 필 때면
은은한 향기 지닌 사람

나른한 언저리
앞서거니 뒤서거니
향기 더욱 깊어 갈 무렵
뜨거운 열기에도 여전히
달콤한 향기로 서 있는 사람

치잣꽃 진다
여름이 가나 보다
꼬스라진 마디는
여름 한가운데 건너온 흔적
맑고 깊은 향기 주는
사랑의 흔적.

자연인

풍경을 그리움이라 말해도 될까
산중 자그마한 터에 집 한 채,
스러진 자신감 등에 업고 자리한 지 수년

서둘지 않은 묵묵함으로
뚝심의 시간 베어 물고
손수 집 짓던 날

마음 설레어
별 헤는 소년처럼
밤새 뜬눈으로 지샜다

풀리지 않던 일
짊어진 생각
산에 부려놓고
한 모롱이 의지한 채
홀로 산바라기 한다
이곳에서만은
가장 그럴 듯한 쉼표와
남은 삶의 이정표를

쓰고 지울 수 있다

숲속 쓰러진 통나무 치우고
겨울 땔감 준비한다
떨어진 밤을 줍고
일부는 산짐승을 위해 남긴다

가끔 손자들이 달려와
맘껏 놀 수 있도록
갖가지 것도 준비한다

이곳에서는 모든 게 특별하다
함께 숨 쉬는 동안 만큼은
그럴 것이다

지난날 매몰찼던 시간도
못다 한 꿈도 사랑도 풀어 놓으니
풀숲에 잠잠이 녹아내린다
그저 내려놓고 볼 일이다

작은 연못엔
치어들이 자라 팔뚝만 해졌고
우산만 한 연잎과 연분홍 연꽃도 살랑댄다

해거름이면
우렁이 물가로 기어나오고
상추랑 호박이 크듯 여유도 자란다

상처란
천천히 치유됨을 알게 되고
날 선 도끼는 나무에 먹힌다며
무딘 날이어야 장작을 잘 팰 수 있단다

여름이면
오미자 넝쿨로 그늘을 치고
가을이면
마른 줄기 틈으로 햇살을 들인다

밤이 산을 품고도
넉넉한 웃음 머금을 때

이파리처럼 곱게 말아 올린 산그림자
안개랑 새소리와 함께 다시 아침을 연다.

어느 성자의 길

오후 햇살 등지고
수레 한 대가 느리게 역주행 중이다

폐지 가득 실은 노인의 수레는
늘 불안정한 층을 이룬다

수레가 흔들릴 때마다
허술한 건물 한 채 흔들린다

한 장 한 장 쌓아올린
침묵 끝고

한 짐 될 수 있겠으나
달래듯 미끄러져 간다

도로 수놓는 달팽이처럼
고요한 성자처럼
폐지는 누군가의 손이 닿아도 상관없다는 듯
포개져 말이 없다

수레바퀴에
도로는 납작 엎드리고
바퀴가 휘청하는 사이
쌓인 폐지의 층이 삐그덕거린다

위태로움 밀 듯
엉성한 바람이 지나간다
차들은 경적 없이 지나쳐가고
석양도 먼 산 아래로
미끄러져 간다

달팽이는 흔적 남긴 채 자취 감추고
수레도 그림자 지우며 방향 튼다
늘 그랬듯이 익숙한 길로.

유빙 流氷

인터넷을 열었다
순식간에 수십 명이 죽었다
귀순병사가 판문점을 넘었다
의료 사고가 있었다
아이돌 가수가 자살했다
좋은 것보다 안 좋은 것을
더 많이 내보이는 세상
드러내고 싶은 욕망 끝에는
늘 외마디 소리들이 돋아나고
사투의 순간 끝에는
고도의 긴장이 잠식한다
화려한 우울을 감춘
짧은 글 몇 자만이
소리치고 있다
그렇게 흘러가다가
파장이 갈팡질팡거리고
나름의 속도를 뚫고
견고한 것들도 함께 떠내려간다
눈물조차 맑은 소리 내다가도
어느 날은 꽃으로 피어나고

길목마다 침묵의 알갱이만 찰방거린다
얼음들이 떠난 자리
남은 자의 발길이 물살 휘저으며
터벅터벅 걸어 나온다
눈짓만으로도 멍이 드는 물길
조각조각 흩어져 바닥에 즐비하다.

빈 둥지

골목에는
텁텁한 바람이 불고 있다
작은 마을에는
바람처럼 소문이 이리저리 몰려다녔다

가깝고 먼 말들이
귀와 귀를 물고 다니는 흉흉함으로
집들은 폭폭한 서러움 퍼내지도 못한 채
폐가 같은 어스름 끝에서
넋 놓고 주저앉아 있다

병원이라는 낯선 곳으로
하나둘 거처 옮기게 된 여름 무렵
비가 오지 않는 하늘도 무심하게 말라 있다
문병이라도 가야겠다는 빈집의 생떼는
녹슨 대문만 부여잡고
삐거덕삐거덕 눈물 콧물 흘리는데
어둠은 철없는 소리 하지 말라며
검은 등짝 때린다

앞만 보고 살아왔는데
난데없이 찾아온 일들이 일상 흔들고
마을을 적막하게 만든다
몸은 뜻대로 되지 않고
오래된 추억 몇 자락
했던 말 자주 반복할 뿐

주인 없는 집에는
질긴 잡념 뿌리내리는 잡초와 고요만이
내려앉고 있다
세월은 홀로 지키던 집마저 갑작스레 비우라 한다

잘 나가던 한 시절 잊지 못한
빈집의 마루는
밤의 바짓가랑이 붙잡고
그 기억의 어디쯤을 헤매면서
혼잣말 같은 암흑 껴안고 있다

논으로 옮겨진 모가 두 뼘 이상 자라
짱짱한 여름을 나고 있다

아직 들리지 않는 인기척 기다리며
쓸쓸한 바람만이 빈 저녁을 맞이한다.

흔적의 그늘

노인의 마당에는 모판의 모가 가득하다
물이 부족해 논으로 갈 수 없는 모는
작은 모판에서 주인의 마음만 애타게 한다
작약꽃 시드는데 붉은 장미 더욱 흐드러지고
모도 그새 많이 자랐다

바람의 밀린 잠이 나른하게 달라붙는 오후
봄날과 초록은 슬금슬금 제 키를 높이며
푸른 연대기 쓰기 위해
마르지 않는 햇살 끌어당겨
맑고 환한 등 타고 오른다

비가 오지 않아 논에 댈 물이 없다며
속이 타들어 가는 노인은
비가 오지 않는 하늘과
쓰러진 아내의 얼굴을 번갈아 바라본다
무심한 기다림만 타들어 가고
여름 창문 힘겹게 열고 나온 한숨이 걷고 있다
비 올 바람이 한두 번 불었지만
비를 데려오지는 못했다

바닥까지 쩍쩍 갈라진
물의 빈방들 때문에
후두둑 후두둑 과하게 흘러내리는
물의 고집스런 발목이
방향을 탐색하듯 귀에서 자란다
녹음은 짙어지고
아내가 좋아한 꽃들은 한창 피어대는데
이 꽃들 지기 전에
대문으로 걸어들어올 것만 같다
착잡한 얼굴 되어 푸념 섞인 말만 되풀이한다
주마등처럼 스치는 지난날을 말하곤 하지만
되돌이표처럼 날아오르다 허공에 튕길 뿐

시시때때로 밀려드는 어스름에 먹살 잡혀
무너지는 그믐 같은 마음
말갛게 씻으려고 보름 달빛 찾는데
늙어 고집스런 밤은 어찌된 일인지
슬하에 어둠만 데리고 있다

홀로 밥을 먹고 아침을 맞고
다시 밤을 맞이한다
함께한 흔적 희미해지고
혼자인 모습이 어쩌면 당연한 때 올지도 모른다
애증의 순간들 점점이 떠다니다
밤그늘에 잠긴다.

유리벽

투명을 잃어버린 유리는
유리가 아니다
한낮의 호흡들이
유리벽에 부딪히는 순간
높은 천장에 달린
뻘쭘한 전등불빛이 모서리로 모여든다
오가던 호흡 멈추고 시선들이 유리로 향하는 순간
흡수하고 반사하던 단조로운 일들이 화들짝 깨어난다
누구는 유리 같은 사람이라고 하는데
투명해서 좋다는 건지
너무 투명하다는 건지
유리가 면이 되고 벽이 되는 순간에도
나른하고 무료하게 시간이 흐른다
아찔한 순간이지만
아픔보다 우스꽝스러움이
바닥을 기어 솟구친다
여기저기 매스컴이 요란하게 터지는 순간에도
채 걸어 나오지 못한 말들이 있다
미끄러지듯 변명들이 통과하고
때로는 막힘없이 흐른다

유리는 다시 투명한 막을 치고는
아무 일 없다는 듯
앞면과 뒷면의 차이를 묻지 않는다
투과도 통과도 아닌 상태로
멍하게 서 있다
순간 유리 같은 표정이 무덤덤하게 안겨 온다.

입하 앞두고

비가 내린다
플라타너스 여린 잎에도
피고 지던 꽃의 뒷모습에도

꽃가루의 흔적은
소문처럼 흩어졌지만
비는 소문의 잔재까지
부지런히 쓸어내고 있다

적정 속도 찾느라
불편한 와이퍼 기계음 틈으로
긴장한 유리의 표정

내리는 빗물과
닦인 빗물 사이를
오늘이었던 어제와
다시 오늘이 만난다

하루의 쳇바퀴에
괜찮은 척 궤적 돌다가

의식의 편린들이 자꾸만 흔들린다

결정의 연속이던 하루는
자정쯤에야 빗소리와 함께 줄었다

열정이라 불리던 한때
묵묵히 적시고서야 문 닫는다.

달빛 흐르는 동안

어릴 적
술술 노래하던 달 노래
정작 쟁반 같은 달을
의식하지 못한 채
달달 부르던 달 노래

추석이 가까스로 지나고
휘영청 밝은 달과 함께
고속도로를 달린다

커다란 달이
그 모습 드러낼 때마다
쟁반 같은 달이라고
명명한 어느 시인의 달 노래가 떠오른다
차는 달리고
불빛 찾아 하염없이 날아든
크고 작은 나방의 행렬
눈발처럼 부딪혀
점 하나 남기고 사라진다

빠른 속도만큼이나 치열한 시간
나방이 사라진 뒤에도
달은 유유히 여유롭고
우리 차는 가야 할 길을 간다

예기치 않은 일들이
빈번히 일어나는 구석진 곳에는
나방의 흔적만을 남기고
일상을 살아가는 사람들
그 이야기만 달처럼 떠 있다.

제4부

청보리 필 때면

청보리 필 때면

그리운
사람이 있다

보릿물결 잔잔한 파도 타고
수많은 언어
안고 오는 사람

이러쿵 저러쿵에도
아랑곳없이 꼿꼿하게
한철 잘 영글고파
푸르게 몸부림치는 사람

까슬한 표정 앞에
다가서기 어려워도
보리다운 사람

보리밭에 바람 볼 때마다
팔랑개비처럼 돌다 가는
그런 사람이 있다.

간절곶

땅끝과 바다는
늘 접점에서 실랑이한다
파도가 그렇다
시작과 끝은 서로 모호해
끝이 시작이고 시작이 끝이 된다
결국은 서로 껴안게 된다
길잡이가 필요한 시간
뭉클한 지점까지 다시 건너기로 한다
하루도 쉼 없이 보내는 서로의 신호
닿을 수 있을 때까지
긴긴 기다림이 된다
아침이면 수평선을 그리워하고
어둠 내리면 안식할 곳 찾는
그 접점의 끝에
오늘도 간절히 서 있다.

정읍사 오솔길

심곡 따라 걷다 보면
길 아닌 길에서
낯선 이정표를 만난다

막힌 듯 멈칫하는 순간
하늘을 본다

푸른빛 쉼표 뚫고
정읍사 가요 들리는 듯
낙엽비가 내린다

기다림의 끝은
아무래도 좋을
그 옛날 행상인의 노래가
서걱서걱 오솔길을 덮는다

화르르 일어서는 소리
행상 나간 길
여직 소식 없다고
아직도 망부상으로 서서

님을 기다린다

발갛게 석양이 지고
바람이 일고
걸음이 고요를 두드리는 동안

망부상 그림자 저물 줄 모른다
달은 높이 돋아
멀리멀리 비추는데.

입동

단풍 든 거리에
소란한 말을 부려놓았다

멋진 날이라고도 하고
외로운 시간이라기도 하며

순응과 역행 사이를
주변머리처럼 머물렀다

낙엽으로 떨궈낸 말
차곡차곡 쌓이면

여기저기 살아낸 흔적
화폭으로 담긴 계절

어딘가에 마음 한 채
내걸고 싶다가도 다시 닫고 싶은 날

낙엽비 내린 자리에
소롯이 내려앉는 그리움 하나.

시나브로

묵향과 시詩향 사이로
가을이 내립니다

향기 머문 자리마다
쉼표 하나 맺힙니다

작은 인연도 영글다 보면
어느 순간 계절이 됩니다

계절 끝에서
그리움이 됩니다.

조문

삼월의 바람을
봄바람이라 우긴다
生을 달려오다
어디쯤 멈춰 버린 시간
툭툭 털고 떠난다

국화 한 송이 짧은 기도
가지런히 놓는다

오늘이었던 어제가
순식간에 잠들었다

잘 살아야 한다며
잘 살아내지 못한 날들 다독인다

때를 알지 못하지만
때와 마주할 순간이 오면

그때는 의연해지고
담대해질 수 있을까

아직 찬바람을 벗어나지 못한 봄은
쓸쓸하게 주변을 맴돈다.

불갑산 가는 길

태양은 작열하여
구월의 허리 지나고도
정수리와 얼굴 불같이 쪼아댄다

상사화 활활 타오른다
바닥 벌겋게 물들이고도
한창 피어내고 있다

새순의 옹알이 끝나고
그 잎 푸른 강물 이루더니
길목마다 열병 앓듯 온통 붉다
이리 뜨겁게 말하려고 가슴밭에 묻어 두었나

목젖 다 넘기지 못한 말
들불처럼 번져오는데
그 곁 지나칠 때면 덩달아 늪에 빠져든다

하늘 아래 신열 앓듯
다시
묵혀둔 침묵 쏟아낸다

화려함에 취해
한철 건넌 후
흔적 없이 잎 다문다해도

또다시
꽃대 세우며
이 꽃길 걷는다.

구절초 노래

아련한 푸른빛에 새하얀 눈꽃 핀다
소복이 뿌리내린 어미의 사랑처럼
해마다 되살아나는 이맘때의 그리움.

아직은

늘상
입에 붙어사는 말

망설이다
놓치고 마는 말

뛰어야 할 때라고
다짐만 하다 끝나는 말

때가 아니라며
자꾸만 물러나게 하는 말

그럼에도
지금이 그때라고 외치는 말

지금은 아직을 먹고 살고
아직은 지금을 품고 사는 말.

겨울꽃

처음 닿는 지면에는
늘 치열한 순간이 있다

채워지나 싶더니
소리 없이 사라지고

쌓이고 덮인 자리
순결한 성벽 이룬다

밤새
끝없는 이야기만 펄럭이며

어디에도 걸림 없는
날렵한 한숨이 된다

시린 이야기 한 소절
찬바람이 물어 가고

경계 넘어 날리는 말들
순간 용도 폐기 된다

느낄 수 없던 무게도
육중히 묻힐 때가 있다

자리 트는 가지
가을 붉던 자리에 하얀 꽃 피었다

바람 깃 흔들며
눈이 내린다

뜬눈으로 피워낸 말
순백으로 쌓이는 밤

소리 없이 내린 풍경 하나
새벽길 나선다.

저녁 거리

어디에나 어스름은 오고
누군가는 꿈을 말한다

어디서나 사랑을 말하고
누군가는 우정을 말한다

불빛이 흔들리면
누군가의 꿈도 흔들린다

찬란한 불빛 가운데도
사막은 있듯이

수많은 관계 속에서도
외로움은 있다

여백 채워가는 거리의 표정은
목마른 바다

채우고 비우고
비우고 채우며

시선 곤추세워
비로소
방향 잡는다

때론
방향마저도
방황한다

흘린 이야기는
쌓이다 흩어지고
그러다가 다시 제자리

거리에는
웃음과 여운이
불빛으로 녹아들 때면
바람 끝에 매달린 상념 한 자락 홀로 펄럭인다.

아버지의 그늘

찬란한 계절이 뒷걸음질 치자
탱자나무 울타리에도
낙엽 비가 내린다

빈자리마다
숭숭 뚫린 허기가 흘러내리고
마음 귀퉁이에선 앙상한 소리 낸다

여름 한철
향기 가득한 울타리
무성한 잎 떨군 채

하늘하늘 휘젓는
탱자 몇 알 그 마지막 향기가
허공에 비틀거린다

만추에도 까칠한 상념이고
흔들리는 것이
여전히 있다

울타리였던 아버지는
향기의 발화점이 되었지만
나는 늘 가시의 그늘이었다

아니,
울타리 밖으로 피어난
가시의 흔적이었다

아버지는
만만하고
그림자 같은 존재

울타리 안에 있어도
서로 기대지 않았던
시간이었다

무른 가시 되어
울타리 밖 서성이는 날
고여 있는 침묵 깨고 일어서는
아버지의 향기

목젖까지 올라오는 미안함
꾹꾹 삼키는 이런 날은
슬쩍 울타리에 기대고 싶다.

그리움

바람과 허공에
잠시 마음 내맡겨도 좋은 날
강변 미루나무 줄지어 서 있다
풍경 한 채 그려 놓은 강 따라
누렇게 꺾인 시간 그 틈으로
억새 새순 비집고 나온다
동요에서 듣던 미루나무 꼭대기엔
조각구름은 걸리지 않았다
다만 큰 키를 그저 바람에 맡기며
가지런히 흔들리고 있었다.

사과밭

얇은 겉옷 걸친 잎사귀
봄볕에 팔랑거린다
사과꽃 떨군 맨살이 햇볕을 더듬는 날엔
잊었던 어지럼증이 고개 내민다

쓰러질 듯 일어선 꽃자리만 한 꿈은
가지에서 한 걸음도 내려가지 않고
한낮의 망상처럼 와글와글 커져 가고
볼이 터져라 봄바람 베어 물며
가고 없는 꽃의 내일을 빽빽이 매단다
뿌리 저 끝 돋아나는 풋내
공중을 휘감는
한 무리 새들이 과수원 위에서
멀리 점으로 사라질 때까지

새의 행로 쫓는 사과나무의 눈
아스라한 하늘가에
푸른빛 두 눈에 남는다

나뭇가지에 벗어놓은

새들의 발자국이
한줌 고요로 찍혀 있어
납작 엎드리면
뜨거운 심장 소리 쿵쿵거릴 듯한데
육중한 허공의 몸이 자리 비집고 들어선다

철마다 복병은 예고 없이 찾아오지만
순간을 이겨내는 일에는
때가 없다는 걸 알게 되면서
아버지는 괜히 분주해진다

사과밭은 아버지의 그늘이다
성장의 마디가 제멋대로 춤추기 시작하고
바람에 이파리 심하게 흔들리는 날
아버지와 사과나무의 성장통이
과수원을 흔든다

날름거리는 바람의 혀가
봉긋 피어나 먹음직한 어린것을 노리면
잎들은 떨며 새파랗게 굳어가고

뒷목이 서늘한 가지는
쏟아지는 파열음으로 불운을 예감한다

흔들리는 속도를 죄다 받은 사과밭은
잔뜩 움츠린 채 외마디 소리 내고
허공 가르는 팔로 온몸 감싼다
그러다가 바람에 가슴 맡긴다

얼굴에 화색이 돌고
익어 가는 속도를 여유 있게 마름질하며
햇살 속을 뒹군다
아버지의 허리춤이 펴지고
발길이 발그랗게 물들면
사과밭도 가을 햇살에 찬란히 눕는다.

수제비

보글보글 끓은 물에
똑똑 떼어 넣는다
물이 튀듯 떨어지지 않으려는 점성
손가락과 실갱이한다

호숫가에
작은 돌멩이 몇 개 주워들고
물수제비 뜬다
통통통 몇 번 수면 위를 튀다가
퐁 빠진다

지금은
아무것도 뜨지 않는다
호수는 그냥 지나치고
냄비는 추억 속에서만 끓고 있다

호수는 바라보는 것만으로 넉넉하고
추억은 아늑히 가라앉아
풍경처럼 잔잔히 흐르고만 있다.

평설

황애라 시인의 시집 출간을 축하하며

박 덕 은
(문학박사, 전 전남대학교 교수, 문학평론가)

황애라 시인은 문예창작반인 한실문예창작에 와서 2011년 6월 14일 첫 시 「향수」를 발표했다. 이후 필자가 지도 교수로 있는 부드런 문학회에 매주 한 편씩 성실히 꾸준하게 시 창작품을 발표했다.

황애라 시인은 국민일보 신춘문예 수상(2015년 3월)을 비롯하여, 비바비 문학상(2015년 6월), 하동국제문화제 문학상(2015년 9월), 한양대 ERICA 문학상 우수상(2015년 10월), 한민족 통일 문예제전 문학상(2015년 10월), 제2회 경북일보 문학대전 문학상(2015년 10월), 충주문학관 문학상 왕중왕전 우수상(2015년 12월), 빛창 문학상(2016년 2월), 안양 창작시 문학상(2016년 5월), 용아 박용철 전국 백일장 시 부문(2016년 6월), 나주예술문화상(2016년 10월), 용아 박용철 백일장 시 부문(2017년 6월), 한민족통일문예대전 문학상(2017년 9월), 가락시장 공모전 문학상(2018년 3월), 예술문화상 문학상(2018년 11월), 서울 지하철 문학상(2019년 8

월), 박덕은 전국 백일장 문학상(2019년 11월), 동서 문학상 맥심상(2020년 10월), 삼행시 문학상 동상(2021년 4월), 부천시 문학상 우수상(2021년 5월), 대덕 백일장 장려상(2021년 6월), 인성의 향 디카시 문학상 장려상(2021년 11월), 독도 문예대전 특선(2021년 11월), 노계 문학상 특별상(2021년 12월), 남명문화제 시화문학상 산해정인성문화진흥회상(2022년 6월), 제1회 김해예총 시화전 문학상 문예상(2022년 6월), 제6회 경남고성 국제한글디카시 장려상(2023년 5월), 치유문학상 시 부문 우수상(2023년 8월), 디카시 문학상(2023년 12월), 평택사랑 전국 백일장 차하(2025년 6월) 등을 연달아 수상했다.

황애라 시인의 첫 시집은 제1부 목사골 오일장, 제2부 책갈피 단풍, 제3부 너도바람꽃, 제4부 어쩌면, 제5부 당신의 뜨락으로 구성되어 있다.

제2시집에 이어, 도전하는 세 번째 시집, 과연 그 세계는 어떻게 펼쳐질까.

그리고, 황애라 시인의 시 표현 기법은 어떠할까.

자, 지금부터 그녀의 작품 세계로 들어가 행복한 탐구를 시작해 보기로 하자.

노인의 마당에는 모판의 모가 가득하다
물이 부족해 논으로 갈 수 없는 모는
작은 모판에서 주인의 마음만 애타게 한다
작약꽃 시드는데 붉은 장미 더욱 흐드러지고

모도 그새 많이 자랐다

바람의 밀린 잠이 나른하게 달라붙는 오후
봄날과 초록은 슬금슬금 제 키를 높이며
푸른 연대기 쓰기 위해
마르지 않는 햇살 끌어당겨
맑고 환한 등 타고 오른다

비가 오지 않아 논에 댈 물이 없다며
속이 타들어 가는 노인은
비가 오지 않는 하늘과
쓰러진 아내의 얼굴을 번갈아 바라본다
무심한 기다림만 타들어 가고
여름 창문 힘겹게 열고 나온 한숨이 걷고 있다
비 올 바람이 한두 번 불었지만
비를 데려오지는 못했다

바닥까지 쩍쩍 갈라진
물의 빈방들 때문에
후두둑 후두둑 과하게 흘러내리는
물의 고집스런 발목이
방향을 탐색하듯 귀에서 자란다
녹음은 짙어지고
아내가 좋아한 꽃들은 한창 피어대는데
이 꽃들 지기 전에
대문으로 걸어들어올 것만 같다
착잡한 얼굴 되어 푸념 섞인 말만 되풀이한다

주마등처럼 스치는 지난날을 말하곤 하지만
되돌이표처럼 날아오르다 허공에 튕길 뿐

시시때때로 밀려드는 어스름에 멱살 잡혀
무너지는 그믐 같은 마음
말갛게 씻으려고 보름 달빛 찾는데
늙어 고집스런 밤은 어찌된 일인지
슬하에 어둠만 데리고 있다

홀로 밥을 먹고 아침을 맞고
다시 밤을 맞이한다
함께한 흔적 희미해지고
혼자인 모습이 어쩌면 당연한 때 올지도 모른다
애증의 순간들 점점이 떠다니다
밤그늘에 잠긴다.

-「흔적의 그늘」 전문

제1회 치유문학상 전국공모전 우수상 수상작인 이 시에서의 시적 화자는 노인의 삶과 고독을 중심으로 전개하고 있으며, 특히 가뭄으로 인해 물이 부족한 농촌의 상황과 병든 아내에 대한 걱정과 그리움을 주요 정서로 다루고 있다. 시는 아픔과 슬픔의 지층에서 마주치는 다양한 무늬들을 담아야 한다. 날것의 느낌을 시적인 질감과 색채로 풀어내며 시적인 운율을 입혀야 한다. 그리하여 무음無音의 활자 속에서 소리가 들리고 맛(느낌)이 느껴져야 한다. 그러려면 시적 대상을 조명하는 시인의 렌즈가

남과 달라야 한다. 평면의 그림을 단순한 사각의 프레임으로만 읽지 말고 입체감을 덧칠해 새롭게 탄생시킬 줄 알아야 한다. 시인의 독특한 시야에서 상황도 사물도 전혀 다른 모습으로 태어날 수 있다. 이 시는 그런 일련의 노력들을 보여주고 있어 눈길을 끈다. 시적 화자는 논으로 옮기지 못한 모판의 모를 바라보고 있다. "물이 부족해 논으로 갈 수 없는 모"가 마당에 놓여 있다. "작은 모판에서 주인의 마음만 애타게"" 하고 있다. 발랄한 봄날을 열어야 하는데 모판은 아직까지 마당에 있다. "노인은/ 비가 오지 않는 하늘과/ 쓰러진 아내의 얼굴을 번갈아 바라"보고 있다. "무심한 기다림만 타들어 가고" 있는데 "아내가 좋아한 꽃들은 한창 피어대는데/ 이 꽃들 지기 전에/ 대문으로 걸어들어올 것만 같"은데 반가운 소식 한 점 없다. 생명력이 느껴지는 봄날에 논으로 옮기지 못한 모판의 모와 쓰러진 아내의 모습이 병치되어 있어 애틋함이 고조된다. 인간의 생로병사는 자연스러운 일이라고 하지만 거기서 느껴지는 비의는 감당하기 버겁다. 시는 감당하기 힘든 그 벅참 속으로 들어가 비의를 탐색하며 삶의 본질을 들여다봐야 한다. 그리하여 비의 속에서 어떤 깨달음을 찾아야 한다. 시적 화자는 아내와 "함께한 흔적 희미해지고/ 혼자인 모습이 어쩌면 당연한 때 올지도" 모른다며 밤을 맞이하고 있다. 어둠에 잠기는 노인과 애증의 순간들이 점점이 흩어져 안쓰럽다. 노인은 마당에 가득한 모를 보며 애타는 마음을 달래고, 비가 오지 않는 하늘과 아내의 부재 사이에서 괴로움을 느끼고 있다. 시적 화자는 과거의 기억과 현재의 외로움이 교차하는 쓸쓸하고 착잡한 심정을 자연물의 변화와 비유를 통해 서정적으로 표현하고 있다.

> 땅끝과 바다는
> 늘 접점에서 실랑이한다
> 파도가 그렇다
> 시작과 끝은 서로 모호해
> 끝이 시작이고 시작이 끝이 된다
> 결국은 서로 껴안게 된다
> 길잡이가 필요한 시간
> 뭉클한 지점까지 다시 건너기로 한다
> 하루도 쉼 없이 보내는 서로의 신호
> 닿을 수 있을 때까지
> 긴긴 기다림이 된다
> 아침이면 수평선을 그리워하고
> 어둠 내리면 안식할 곳 찾는
> 그 접점의 끝에
> 오늘도 간절히 서 있다.
>
> - 「간절곶」 전문

 울산 울주군에 위치한 간절곶은 한반도에서 해가 가장 먼저 떠오르는 곳이다. 매년 새해 첫날이면 해맞이를 보기 위해 수많은 이들이 찾는 대표적인 명소이다. 이곳은 포항 호미곶보다 1분, 강릉 정동진보다 5분 정도 일

찍 해가 떠오른다. 간절곶艮絶串의 곶串은 육지에서 바다를 향하여 돌출된 경우 붙여지는 이름이다.

'울주 이바구 시 수필 공모전 장려상' 수상작인 이 시에서의 시적 화자는 간절곶을 배경으로 땅끝과 바다의 관계를 고찰하고 있다. 시적 화자가 바라보는 "땅끝과 바다는/ 늘 접점에서 실랑이"하고 있다. 무엇 때문에 실랑이를 하는지 알 수 없으나 접점에서 늘 실랑이하고 있다. 시적 화자는 실랑이하는 그 상황을 파도에 대비시킨다. 파도를 통해 실랑이하는 상황을 극대화시키고 있는 것이다. 파도의 "시작과 끝은 서로 모호해/ 끝이 시작이고 시작이 끝이 된다"고 말하고 있다. 결국 파도의 시작과 끝은 "서로 껴안게 된다"며 결론을 맺는다. 화자는 다시 접점에서 실랑이를 하고 있는 땅끝과 바다로 돌아가서 길잡이가 필요하다고 말한다. 이를 위해 "뭉클한 지점까지 다시 건너기로 한"다. 인생을 살다 보면 어떤 문제가 발생해 우왕좌왕할 때가 있다. 꼭 문제가 발생하지 않더라도 내면의 갈등으로 길잡이가 필요할 때가 있다. 하지만 인생의 정답은 없기에 각자 자신에게 맞는 답을 스스로 찾아야 한다. 우리도 화자처럼 "뭉클한 지점까지 다시 건너"가야 한다. 그 지점에서 "쉼 없이 보내는 서로의 신호"에 귀를 기울여야 한다. 신호가 가슴에 "닿을 수 있을 때까지/ 긴긴 기다림"을 인내해야 한다. 그리하여 주고받는 서로의 신호를 해석하면서 자신이 걸어가야 할 방향을 정해 답을 찾아야 한다. 시의 끝부분에서 시적 화자는 "아침이면 수평선을 그리워하고/ 어둠 내리면 안식할 곳 찾"는다. 이 지점에서 그리움을 찾아 떠나는 우리의 아침이 보이고 집으로 귀가하는 사람들의 뒷모습이 보인다. 이 시는 서로에게 끊임없이 신호를 보내며 닿기를 바라는 '긴긴 기다림'이 주요 정서로 다뤄지고 있다. 특히, 파도가 상징하는 시작과 끝의 모호함과 결국 서로를 포용하게 되는 접점의 역설적인 상태를 묘사하고 있다. 시적 화자는 수평선을 그리워하고 안식할 곳을 찾는 간절한 지점에서 현재의 모습을 응시하고 있다.

태양은 작열하여
구월의 허리 지나고도
정수리와 얼굴 불같이 쪼아댄다

상사화 활활 타오른다
바다 벌겋게 물들이고도
한창 피어내고 있다

새순의 옹알이 끝나고
그 잎 푸른 강물 이루더니
길목마다 열병 앓듯 온통 붉다
이리 뜨겁게 말하려고 가슴밭에 묻어 두었나

목젖 다 넘기지 못한 말
들불처럼 번져오는데
그 곁 지나칠 때면 덩달아 늪에 빠져든다

하늘 아래 신열 앓듯
다시
묵혀둔 침묵 쏟아낸다

화려함에 취해
한철 건넌 후
흔적 없이 잎 다문다 해도

또다시
꽃대 세우며
이 꽃길 걷는다.

- 「불갑산 가는 길」 전문

　영광 불갑산상사화축제 공모전(영광21신문사) 수상작인 이 시에서의 시적 화자는 9월의 뜨거운 태양 아래에서 불갑산에 활짝 핀 상사화의 모습을 생생하게 묘사하고 있다. 꽃무릇은 수선화과 Lycoris속에 속하는 알뿌리 식물로 우리가 흔히 아는 상사화랑 한 집안 식물이다. 그래서 통상 상사화라 불리지만 상사화와는 다르다. 가을이면 붉은 융단처럼 산야를 물들이는 꽃무릇이 있고 여름 끝자락 은은한 분홍으로 피어나는 상사화가 있다. 꽃무릇은 붉은빛을 띠고 상사화는 분홍색 등의 계열로 부드러운 인상을 준다. 또 꽃무릇은 꽃이 먼저 피고 꽃이 진 뒤 10월부터 잎이 나는데, 상사화는 잎이 먼저 돋고 여름 초에 잎이 시들면 8월부터 꽃이 핀다. 잎과 꽃이 시차를 두고 각기 달리 돋는 구조 때문에 두 식물 모두 서로를 그리워한다는 상징으로 상사화라 불린다. 영광 불갑사 일원에서 매년 상사화 축제를 열고 있는데, 꽃무릇은 사찰과 인연이 깊다. 불교적 의미로 꽃무릇은 피안화라 불리는데 망자의 영혼이 극락으로 가는 길을 인도한다고 한다. 또 꽃무릇 구근에서 얻은 녹말은 불경 제본, 탱화 제작 등에 쓰인다.

시적 화자는 불갑산으로 가는 길에 상사화가 활활 타오르고 있는 모습을 본다. "바닥 벌겋게 물들이고도/ 한창 피어내고 있"는 상사화. 한낮의 태양은 "구월의 허리 지나고도/ 정수리와 얼굴 불같이 쪼아"대고 있어 더운데 상사화는 활활 타오르고 있다. 그 정경이 "길목마다 열병 앓듯 온통 붉다"고 한다. 마치 상사화는 무언가를 간절하게 "이리 뜨겁게 말하려고 가슴밭에 묻어 두었나"라는 생각이 든다. 그리워하는 님을 만나고 싶다는 울부짖음일까, 아니면 떠난 님의 극락왕생을 기원하는 기도 소리일까. "목젖 다 넘기지 못한 말/ 들불처럼 번져오"고 있다. 시적 화자는 지상을 붉게 물들이는 상사화를 보며, 마치 열병을 앓듯 뜨겁게 피어나는 꽃의 강렬한 생명력에 압도되고 있다. 상사화의 붉은 모습은 가슴에 묻어 두었던 말이나 묵혀둔 침묵이 들불처럼 번져 나오는 것에 비유되고 있다. 또 이 꽃길을 걷는 사람 역시 그 화려함에 깊이 매료되는 심정을 표현하고 있다. 결국 이 시는 꽃이 진 후에도 다시 꽃대를 세우며 돌아올 상사화의 순환적인 아름다움을 노래하고 있다.

한철 물들이다가
알알이 맺혀 휘어지다가
다 품고도 보일 수 없는 마음만
채우고 채워
슬며시 터뜨리는
붉디붉은 열망.

- 「석류」 전문

　제10회 시市,詩 활짝 공모전(부천시) 우수상 수상작인 이 시는 석류를 붉디붉은 열망으로 해석하고 있다. 시는 발상의 전환이 있어야 한다. 구상을 추상으로, 추상을 구상으로, 유기물을 무기물로, 무기물을 유기물로 뒤집어서 생각해야 한다. 이것이 은유와 상징으로 가는 길이며 패러독스에 다가가는 길이다. 눈에 보이는 것과 더불어 눈으로 볼 수 없는 것들까지 손으로 만져보고 귀로 들어보며 느껴야 한다. 이 시는 그런 시작詩作을 위한 걸음들이 엿보이는 작품이다. 열렬히 바란다는 의미의 열망을 눈에 보이게 그린다면 어떻게 그릴 수 있을까, 열망을 눈에 보이는 다른 것에 빗대어서 표현한다면 어떤 것이 적합할까, 시인은 그런 질문들을 던지며 생각에 생각을 덧입혔을 것이다. 열렬히 바라는 마음은 한순간에 만들어지지 않는다. 낮과 밤이 수없이 꽃피었다가 이울고 "한철 물들이다가/ 알알이 맺혀 휘어지"면서 그 열망은 차오른다. 빛과 어둠을 오가며 버무린 간절함들이 아름다운 간격으로 차곡차곡 쌓여야 열망은 차오른다. 그 차오른 열망이 슬며시 터질 때까지 멈추면 안 된다. 멈추면 몽상이 되는 것이다. 몽상은 실현 가능성이 없는 헛된 생각을 말하는데 그 헛된 생각을 실현 가능하게 하도록 열렬히 소망하며 바라면 열망이 된다. 화자는 간절함과 절실함으로 "다 품고도 보일 수 없는 마음만/ 채우고 채워" 열망이 꽉 차오르도록 기다리며 노력하고 있다. 그러다 어느 날, "슬며시 터뜨리는/ 붉디붉은 열망"을 만난다. 그 열망이 석류라고 새로운 정의를 내리고 있다. 시인은 시적 대상을 보고 자신만의 섬세한 감각으로 다가가 첫 이름을 지어주며 새로운 정의를 내려줘야 한다. 시 쓰기는 언어의 빈 가지에 자신만의 독특한 감각을 푸른 잎처럼 매다는 일이다. 상상의 처소를 시인의 내부로 끌어들여 빈 가지에 무엇을 꽃피울지 고심하며 시적 대상을 물색해야 한다. 이 시에서의 시적 화자는 석류가 익어 가는 과정을 '물들이다가', '맺혀 휘어지다가'와 같은 동적인 표현을 사용하여 묘사하고 있다. 궁극적으로 이 시는 겉으로 드러낼 수 없는 내면의 감정, 즉 '다 품고도 보일 수 없는 마음'이 결국 '붉디붉은 열망'으로 '슬며시 터뜨려지는' 모습을 석류에 빗대어 표현하고 있다.

찬란한 계절이 뒷걸음질 치자
탱자나무 울타리에도
낙엽 비가 내린다

빈자리마다

숭숭 뚫린 허기가 흘러내리고
마음 귀퉁이에선 앙상한 소리 낸다

여름 한철
향기 가득한 울타리
무성한 잎 떨군 채

하늘하늘 휘젓는
탱자 몇 알 그 마지막 향기가
허공에 비틀거린다

만추에도 까칠한 상념이고
흔들리는 것이
여전히 있다

울타리였던 아버지는
향기의 발화점이 되었지만
나는 늘 가시의 그늘이었다

아니,
울타리 밖으로 피어난
가시의 흔적이었다

아버지는
만만하고
그림자 같은 존재

울타리 안에 있어도
서로 기대지 않았던
시간이었다

무른 가시 되어
울타리 밖 서성이는 날
고여 있는 침묵 깨고 일어서는
아버지의 향기

목젖까지 올라오는 미안함
꾹꾹 삼키는 이런 날은
슬쩍 울타리에 기대고 싶다.

- 「아버지의 그늘」 전문

 제4회 노계문학 전국백일장 특별상 수상작인 이 시에서의 시적 화자는 계절이 변하여 탱자나무 울타리에 낙엽이 지는 만추의 쓸쓸한 풍경을 배경으로 하고 있다. 탱자나무에 깃든 가을을 "빈자리마다/ 숭숭 뚫린 허기가 흘러내리고/ 마음 귀퉁이에선 앙상한 소리 낸다"라고 표현하고 있다. 풍요로운 가을의 이미지와는 달리 외롭고 허기진 가을의 이미지로 다가가고 있다. 그나마 남아 있어 "하늘하늘 휘젓는/ 탱자 몇 알 그 마지막 향기가/ 허공에 비틀거린다"며 어떤 기억을 끄집어낸다. 그 기억은 "만추에도 까칠한 상념"이라며 탱자나무와 화자의 기억을 자연스럽게 연결하고 있다. 탱자 열매는 소화불량을 개선해 주고 피부를 진정시키며 혈액순환에 도움을 준다. 가을에 노랗게 익은 탱자 열매는 향이 강하고 오랫동안 지속되기 때문에 실내 또는 자동차 속에 비치해 곰팡이 같은 좋지 않은 냄새를 제거하는 방향제로 사용한다. 그런 좋은 효능을 가진 탱자나무 울타리에서 어린 시절의 아버지 모습이 겹친다. 아버지는 시적 화자가 학교에 다닐 수 있도록 경제적으로 뒷받침을 해주며 보살펴 주었던 그 시절을 "울타리였던 아버지는/ 향기의 발화점이 되었"다라고 표현하고 있다. 그 덕분에 화자는 친구들과 우정을 쌓으며 학업을 이어나갔다. 하지만 시적 화자는 이런 고백을 한다. "나는 늘 가시의 그늘이었다// 아니,/ 울타리 밖으로 피어난/ 가시의 흔적이었다" 아버지와 시적 화자 사이에 무슨 일이 있었던 것일까. 탱자나무는 향만큼이나 과장된 몸짓의 가시를 드러낸다. 탱자나무에 가까이 가고 싶지만 그 가시에 찔릴까 봐 가까이 가지 못한다. 탱자나무는 낮과 밤을 노랗게 익히며 향기로워지지만 가시는 더 날카로워진다. 시적 화자는 날카롭게 입을 여는 가시에 찔려 상처가 나 아팠던 날이 많았을 것이다. 주렁주렁 열린 가시의 말들 때문에 시적 화자는 멀리 도망가고 싶었을 것이다. 시적 화자는 아버지를 한때 향기가 가득했던 울타리에 비유하지만, 자신은 그 울타리 밖에 핀 가시의 흔적이었음을 고백하며 복잡한 부녀 관계를 성찰하고 있다. 만만하고 그림자 같은 존재였던 아버지와 서로 기대지 못했던 시간을 회상하며, 이제야 아버지의 향기 앞에서 미안함을 느끼고 울타리에 기대고 싶어하는 심정을 노래하고 있다.

    오후 햇살 등지고
    수레 한 대가 느리게 역주행 중이다

    폐지 가득 실은 노인의 수레는
    늘 불안정한 층을 이룬다

    수레가 흔들릴 때마다
    허술한 건물 한 채 흔들린다

    한 장 한 장 쌓아올린
    침묵 끌고

    한 짐 될 수 있겠으나
    달래듯 미끄러져 간다

    도로 수놓는 달팽이처럼
    고요한 성자처럼
    폐지는 누군가의 손이 닿아도 상관없다는 듯
    포개져 말이 없다

    수레바퀴에
    도로는 납작 엎드리고
    바퀴가 휘청하는 사이
    쌓인 폐지의 층이 삐그덕거린다

위태로움 밀 듯
엉성한 바람이 지나간다
차들은 경적 없이 지나쳐가고
석양도 먼 산 아래로
미끄러져 간다

달팽이는 흔적 남긴 채 자취 감추고
수레도 그림자 지우며 방향 튼다
늘 그랬듯이 익숙한 길로.
- 「어느 성자의 길」 전문

평택사랑 백일장 전국 공모전 차하 수상작인 이 시에서의 시적 화자는 오후 햇살 아래 폐지를 가득 실은 노인의 수레가 느리게 움직이는 모습을 묘사하고 있다. 성자의 첫 번째 뜻은 덕과 지혜가 뛰어나고 사리에 정통하여 모든 사람이 길이 우러러 받들고 모든 사람의 스승이 될 만한 사람이며, 두 번째 뜻은 모든 번뇌를 버리고 정리를 깨달은 사람이다. 이 시에서 말하는 성자는 두 번째 뜻에 더 가깝다. "한 장 한 장 쌓아올린/ 침묵 끝고" 느릿느릿 걸으며 "한 짐 될 수 있겠으나/ 달래듯 미끄러져" 걸어가는 뒷모습이 그런 느낌들로 다가온다. 그런데 "오후 햇살 등지고/ 수레 한 대가 느리게 역주행 중이" 다. "차들은 경적 없이 지나쳐가"도처에 위험이 도사리고 있는데 왜 도로를 역주행하고 있는 것일까. 시적 화자는 세상이 거꾸로 돌아가고 있다고 여겨, 그 세상에 순응하지 않으면서 번뇌를 버리는 의미로 역주행 중이라고 설정한 것일까. 아슬아슬한 도로에서 역주행을 하면서도 깨달음에 이른 듯 노인은 침묵을 끌고 가고 있다. 거꾸로 돌아가는 세상을 향해 뜨거운 분노를 쏟아내거나 거친 말들을 내뱉지 않고 침묵을 끌고 가고 있다. 그 모습에서 우리는 고개가 숙여진다. "폐지 가득 실은 노인의 수레는/ 늘 불안정한 층을" 이루고 있는데 "쌓인 폐지의 층이 삐그덕거"리는데 노인은 침묵의 옷을 입고 침묵의 걸음으로 나아가고 있다. "도로 수놓는 달팽이처럼/ 고요한 성자처럼" 앞으로 나아가고 있다. 허나 그런 노인을 세상은 가만히 두지 않는다. "위태로움 밀 듯/ 엉성한 바람이 지나간다/ 차들은 경적 없이 지나쳐가"며 노인을 위협하고 있다. 노인은 그 모든 것들을 알고 있다는 듯 노인의 "수레도 그림자 지우며 방향" 틀어 자신의 길을 걷고 있다. 불의한 세상과 타협하지 않으면서도 자신의 목소리를 지키며 올곧게 사는 모습이 숭고하게 다가온다. 이 시는 불안정하게 쌓인 폐지 더미와 느리게 역주행하는 수레를 통해 노인의 고단하고 위태로운 삶의 단면을 포착하고 있다. 시적 화자는 이 수레를 침묵을 끄는 한 짐이자, 도로를 수놓은 달팽이 또는 고요한 성자와 같이 묘사하며, 그 행위에 깃든 숭고함을 비추고 있다. 소소한 일상에서 시적 대상을 찾고 그 대상에게 상징과 의미를 부여하는 시라서 더욱 눈길을 끈다.

섬으로 가는 길은
두근대는 설렘이 있다

동해의 작은 등불
고요하고 평화로운 터전

순리의 길 몸소 알아가며
서로 다독이는 곳

섬에서는 모든 게
겸허히 하나된다

저마다의 지경
침범하지 않고 산다

불어오는 외로움도
가슴 깊이 품는다

고깃배는 바닷길 알고
새들은 부리 내릴 곳 안다

섬에서는
가장 먼저 해가 뜨고

가장 늦게
바람이 잠든다

벼랑 틈 작은 식물까지도
옹기종기 모여 푸른 고독을 털어낸다

섬은
외로운 곳이 아니라 기다리는 곳이다

풍화되고 삭아지는 만큼
삼키고 품으며.

- 「독도-작지만 큰 섬」 전문

 제11회 독도문예대전 특선 수상작인 이 시에서의 시적 화자는 독도로 향하는 길의 설렘과 기대를 표현하고 있다. 2025년 8월에 국립수산과학원은 국제학술지 BMC Biology(Springer) 온라인판에 독도에 서식했던 바다사자(강치)에 관한 논문을 게재했다. 1970년 이후 멸종된 것으로 알려진 강치는 인간의 무분별한 남획 때문이었음을 보여준 내용이었다. 1905년 일본은 불법으로 독도를 일본 영토에 편입시켰다. 그 후, 독도에서 강치를 마구잡이로 포획한 뒤, 강치 가죽으로는 가방을 만들고 새끼강치들은 서커스용으로 팔아넘겼다. 독도 근해에는 우리나라가 30년간 쓸 수 있는 고체형 가스 메탄하이드레이트가 묻혀 있다. 그리고 독도 주변 해역은 휘모리장단처럼 소용돌이치는 급물살 덕분에 해산물이 풍부하다. 그래서일까, 일본은 독도를 호시탐탐 노리고 있다. 그런 아픔 많은 독도로 시적 화자는 떠나고 있다. 시적 화자는 독도를 지키고자 하는 마음을 밝고 희망적으로 그리며 "섬으로 가는 길은/ 두근대는 설렘이 있다"고 말하고 있다. 독도를 대하는 자세가 긍정적이다. 그런 긍정의 자세로 독도를 찾고 독도를 지키자며 말하고 있는 듯하다. 독도는 "동해의 작은 등불/ 고요하고 평화로운 터전"이며 "순리의 길 몸소 알아가며/ 서로 다독이는 곳"이고 "섬은/ 외로운 곳이 아니라 기다리는 곳"이라고 새로운 정의를 내리고 있다. 시인은 이렇듯 자신만의 관점으로 세상을 바라보며 다가가야 한다. 자신의 목소리에 스스로 힘을 실어주며 나아가야 시의 에너지는 발생한다. 시적 화자는 독도를 동해의 작은 등불이자 고요하고 평화로운 삶의 터전이라고 말하며 일본의 야욕을 일거에 차단하고 있다. 이 시는 독도에서 자연과 생명들이 겸허히 조화를 이루는 모습을 관찰하며, 서로의 영역을 침범하지 않고 살아가는 순리를 노래하고 있다. 특히, 독도를 외로운 곳이 아닌 기다리는 장소로 표현하고 있다. 또 모든 것을 품는 섬의 포용력 있는 이미지를 강조하고 있다.

> 몸의 피부처럼 달라붙어
> 강변 따라 단단히 뭉쳐 있다
> 언제부터인지 몰라도
> 단단한 벽처럼 빼곡하게 뿌리 내리며
> 강을 파수하고 있다
>
> 생의 마지막 처소 보호하기 위해

오래오래 서걱이는 머리카락 쓸어 넘기다가
정갈하게 참빗질하다가
부서지는 물소리 주워 담는데
찰랑찰랑 이가 시린 가을이 나란하다

누런빛 잠재된 생각들로 흔들리는 계절
빛나는 불빛이 달린 트리 장식 앞에서
강물처럼 지나간 날들이 깜박거린다
익숙한 흔들림은 오랜 습성으로 말하고
바람길 내며 서걱이는 소리 지른다
계절이 교차할 때마다 뻣뻣하고 푸석한 자리에
또 다른 푸른 싹이 돋아나듯
야생의 기질 버리지 못해 다시 꿈꾼다

해 질 녘이 덮치고
어스름의 안색이 꼬여도
멀고 먼 아침이 입안에서 맴돌기에
몽유의 밤 빠져나와
내일의 체질로 바꿔야 한다

바람의 뒤안길에서 흔들림과 고요 사이 헤매다가
착각의 날개 꺾인다 해도
내면의 파도 높아올수록 돌아오는 파장은 길었다
향수 찾아 힘껏 날아가는 철새의 꽁무니 바라보며
억세게 뿌리 내리는 마른 항변을 본다
자신의 존재는 버리지 못하듯
끈끈하게 말라붙은 상념의 깃 마구 흔든다

저 멀리 한계 건너오는 날갯짓은
풀씨의 기억 품고 한껏 날아오른다
세찬 바람에도 꺾이지 않는 군무를 춘다

춤추는 길목마다
수많은 적극의 방식 같은 손동작들
맹목의 발자국들은 서걱서걱 포개지고
나태한 어제의 표정은 흘러가고 없어
지켜야 할 강의 방향에 맞춰 눈빛까지 바꾼다
약해서가 아니라 순응하는 중이라고
억척스럽게 몸 흔들어 말한다.

-「억새」전문

 이 시에서의 시적 화자는 억새를 의인화하여 강변에서 살아가는 존재의 끈질긴 생명력과 순응의 자세를 노래하고 있다. 바람에 흔들리는 억새를 "생의 마지막 처소 보호하기 위해/ 오래오래 서걱이는 머리카락 쓸어 넘기다가/ 정갈하게 참빗질하"고 있다고 표현하고 있다. 억새가 뿌리 내린 곳을 "생의 마지막 처소"로 해석하며 그곳을 보호하기 위해 참빗질을 하고 있다. 신선한 해석이다. 억새는 강변에서 "부서지는 물소리 주워 담는데/ 찰랑찰랑 이가 시린 가을이 나란하"다. 날씨가 추워져 늦가을로 접어드는 시간적 배경을 재미있게 표현하고 있다. 다시 바람에 흔들리는 억새를 "익숙한 흔들림은 오랜 습성으로 말하고/ 바람길 내며 서걱이는 소리 지"르고 있다. 흔들림은 어떤 결정을 내리지 못한 갈등과 같은 것이 아니라 그건 단지 두 발로 걸음을 걷듯 오랜 습성일 뿐이라고 한다. 그러고 보니 억새는 사람들의 걸음마처럼 태어난 순간부터 흔들렸다. 흔들리는 방식으로 하루를 살고 흔들리는 방식으로 가을을 맞이하고 있는 것이다. 이제 억새는 어떤 다짐을 한다. "멀고 먼 아침이 입안에서 맴돌기에/ 몽유의 밤 빠져나와/ 내일의 체질로 바꿔야 한"다며 마음을 먹는다. 무엇을 위해 그런 다짐을 하려는 걸까. "푸른 싹이 돋아나듯/ 야생의 기질 버리지 못해 다시 꿈"을 꾸고 싶어서다. 시적 화자는 억새를 통해서 어제도 그제도 흔들리는 방식으로 삶을 살았다 하더라도 다시 꿈을 꾸며 내일로 나아가자고 말하고 있다. "저 멀리 한계 건너오는 날갯짓은/ 풀씨의 기억 품고 한껏 날아"오르고 있으니 "세찬 바람에도 꺾이지 않는 군무를" 함께 추자고 목소리를 높이고 있는 것이다. 이제 허공의 춤추는 길목마다 "수많은 적극의 방식 같은 손동작들/ 맹목의 발자국들은 서걱서걱 포개지고" 있어 "나태한 어제의 표정은 흘러가고 없"다. 시 전체를 관통하며 흔들림에 대한 해석을 새롭게 내리는 있다. 이 시에서 억새는 마치 몸의 피부처럼 강변에 단단히 붙어 강을 지키는 파수꾼 역할을 수행하며, 부서지는 물소리를 담고 계절의 변화를 온몸으로 겪어낸다. 특히, 억새는 익숙한 흔들림 속에서도 야생의 기질을 버리지 않고 새로운 꿈을 꾸며, 어둠 속에서도 더 나은 내일을 향한 의지를 다지는 모습이 나타나고 있다. 바람에 꺾이지 않는 군무를 추며 적극적으로 환경에 순응하는 존재의 강인함을 역설하고 있다.

>감자 심은 텃밭에
>한 움큼씩 풀이 자랐다
>잠시만 내버려 두면
>여기저기 발 디딜 틈 없이
>온통 풀밭이 된다
>
>충혈된 몸짓으로
>과장된 자아에 도취되어
>매일매일 자라는 자신의 방향
>꿋꿋하게 지지하며
>초록의 영토 확장해 간다
>
>풀도 관심 받고 싶어
>안달이 난 것일까
>억세게 버티며 양보하지 않는다
>
>풀과 식물의 거리는
>한 몸인 듯 동상이몽
>잡초이다 못해
>주인공 행세까지 하려 한다
>
>의기양양 한철 버티는
>풀의 족속
>당찬 야생의 기질 때문에

당해 낼 재간이 없다

텃밭은
풀의 뒷배경이면서 중심
마찰음도 없는 잡초의 태도로
두둑과 고랑 지나가도
편견이 없는 허공은 말이 없다

여름이 끝날 무렵
주객이 전도된 모습 보게 된다
누군가 돌보지 않은 공간은
결코 호락호락하지 않다

잡풀이라는 시간에 잠식 당해
순간순간 허비해 버린 적 있다
때로는 스스로 잡풀이 된 적도 있다

서둘러 핀 비틀거림은 한사코
아침에서 저녁으로
나에게서 너에게로
어둑하고 왜곡된 몸 야금야금 섞으며
함부로 내던져져 깨지고 찢겨진 한때

맘대로 자라다가
풀썩 말라가는
마음의 풀밭 가진 적 있다

뒤돌아본 자리
보이지 않지만
벌거숭이로 서 있는 모습
바라본 적 있다.

－「풀의 각성」 전문

 이 시에서의 시적 화자는 텃밭에 무성하게 자라는 풀의 생명력과 속성을 관찰하고 있다. 풀을 "충혈된 몸짓으로/ 과장된 자아에 도취되어/ 매일매일 자라는 자신의 방향"이라고 표현하고 있다. 낯설게 하기에 성공한 표현이다. "충혈된 몸짓"과 "과장된 자아"에서 시적 화자의 어떤 의도가 엿보인다. 우리도 가끔 자신의 분노에 휩싸여 활활 타오른 적이 있다. 분노에 잠식당해 정수리에서 발뒤꿈치까지 온통 분노의 색깔을 띄며 빠져 있었다. 그 이미지를 풀과 잘 연결지어 형상화했다. 자신의 분노를 가라앉혀야 하는데 마음대로 되지 않는 상황을 시적 화자는 "풀도 관심 받고 싶어/ 안달이 난 것일까/ 억세게 버티며 양보하지 않는"다라고 말하고 있다. 재미있게 연결지어 표현하고 있다. 양보하지 않는 풀의 성향을 "의기양양 한철 버티는/ 풀의 족속/ 당찬 야생의 기질 때문"이라고 한다. 무거운 주제를 유머스럽게 잘 풀어가고 있다. 우리도 분노나 절망 그리고 막무가내로 감정과 생각을 쏟아내는 그 모든 상황들을 잘 다루지 못해 허우적거릴 때가 있었다. 그런 순간들이 시 속에서 슬쩍슬쩍 엿보인다. 시적 화자는 급기야 이런 고백을 한다. "잡풀이라는 시간에 잠식 당해/ 순간순간 허비해 버린 적 있"었다고 "때로는 스스로 잡풀이 된 적도 있"었다고. 부끄럽지만 진실된 그 고백에 우리도 함께 고개를 끄덕이게 된다. 자연스럽게 독자의 가슴을 열게 해 시가 스며들게 하고 있다. 시는 이렇게 써야 한다. 화자는 부끄러웠던 그 시절을 "서둘러 핀 비틀거림은 한사코/ 아침에서 저녁으로/ 나에게서 너에게로/ 어둑하고 왜곡된 몸 야금야금 섞으며/ 함부로 내던져져 깨지고 찢겨진 한때"라고 말하고 있다. 이 표현 역시 낯설게 하기의 진수이면서도 쉬운 말들로 가슴에 와닿는 표현들이다. 이 시는 풀이 충혈된 몸짓으로 자신의 영토를 꿋꿋이 확장하며, 마치 주인공처럼 행세하는 당찬 야생의 기질에서 시작하고 있다. 시적 화자는 풀이 자라나는 모습을 통해 주객이 전도된 듯한 상황을 인식하며, 돌보지 않은 공간이 쉽게 그 자리를 내어주지 않는다는 깨달음을 얻고 있다. 궁극적으로 시적 화자는 잡초에 잠식당했던 한때의 기억과 스스로 잡풀이 되었던 내면의 경험까지 성찰하고 있다.

    삼복더위 끝자락
    고독의 긴 시간 뚫고
    어느 순례자의 목 터져라 우는 소리가 있다

    막바지 더위 한창인데
    더욱 요란히 허공 가르는 소리
    둘렀던 허물 힘겹게 벗고

쉼 없이 귀청 때리는 저 소리

어쩌면
일생이 걸린
소리인지도 모른다

자지러지는 소리 계속되는데
나무 아래엔
온 힘 다해 울던 흔적이 뒹군다

세상의 슬픔도 저리 뒹굴다가
순간순간 이리 흔적이라도 남기는 걸까

사람도 속울음 울 때가 있다
매미의 울음주머니보다 더 큰 주머니 달고

소리 삼킨 슬픔이
바닥으로 떨어지는 때가 있다.

-「매미 울음」 전문

이 시에서의 시적 화자는 매미의 울음을 고독한 순례자의 처절한 외침에 비유하여 깊은 사색을 이끌어내고 있다. 이 시에는 의식 저편에 있는 슬픔을 응시하는 눈이 있다. 보편적인 인식을 깨뜨리는 눈으로 매미 울음의 저 밑바닥까지 내려가 어떤 슬픔을 보았을 것이다. 어둠에 스며들어 보이지 않는 슬픔을 언어의 거름망에 올려놓아 슬픔이 걸러질 때까지 기다렸을 것이다. 매미 울음과 슬픔에 대한 지속적인 관심이 결국 "온 힘 다해 울던 흔적"이 나무 아래 떨어져 있는 것을 알아채고 "매미의 울음주머니보다 더 큰 주머니 달"고 속울음 우는 사람의 슬픔까지 알아채게 했을 것이다. 그렇게 변별성(辨別性)을 갖기 위해 시적 대상에 대해 고심하며 지루한 기다림을 묵묵히 참아냈을 것이다. 그래서일까, 매미 울음이 "어느 순례자의 목 터져라 우는 소리"로 들린다. 그 울음 소리는 "어쩌면/ 일생이 걸린/ 소리인지도 모른다"고 말한다. 순례자는 성지를 찾아다니며 참배하는 사람을 뜻하는 말이다. 순례자는 어떤 고해 성사라도 한 것일까. 순례자가 걸어왔던 어제와 그 전의 어제가 부끄러워 목이 터져라 울었던 것일까. 매미가 울었던 "나무 아래엔/ 온 힘 다해 울던 흔적이 뒹"굴고 있다. 그 모습을 보면서 시적 화자는 "세상의 슬픔도 저리 뒹굴다가/ 순간순간 이리 흔적이라도 남기는" 거라고 생각을 정리한다. 시적 화자는 삼복더위의 끝자락에 매미가 허물을 벗고 목놓아 우는 소리를 통해, 그 행위가 일생이 걸린 절박한 노력일 수 있음을 시사하고 있다. 또한, 온 힘 다해 울고 난 후 나무 아래 뒹구는 매미의 흔적을 보며, 세상의 슬픔 역시 이처럼 순간의 흔적으로 남겨질 수 있다며 사색하고 있다. 나아가, 인간에게도 매미의 울음주머니보다 더 큰 슬픔 주머니가 있어, 소리를 삼킨 채 바닥으로 떨어지는 속울음을 울 때가 있음을 밝히며 정서를 확장해 놓고 있다.

황애라 시인의 첫 시집에 수록된 시들은 이웃의 아픔을 그냥 지나치지 않고, 상상력 속으로 끌어당겨 육화시켜 놓은 시적 형상화가 잔잔한 감동을 주고 있다. 더욱이 시어들 또한 정교한 디코럼 위에 배치해 놓고 있어, 시적 표현이 진부하지 않고 안정감을 준다. 그녀의 제3시집에서는 노년의 외로움과 가뭄, 존재의 경계와 갈망, 상사화의 강렬한 생명력, 그리고 내면의 억눌린 열망 등 다양한 주제를 다루고 있다. 또한 아버지와의 관계를 성찰하는 쓸쓸한 풍경, 고단한 삶의 숭고함을 담은 노인의 수레, 그리고 독도의 조화와 포용력 등도 노래하고 있다. 전반적으로 시적 화자는 자연물과 일상 속에서 발견하는 인간의 근원적인 감정과 삶의 태도를 서정적이고 은유적인 시어로 표현하고 있다. 그리고, 각 시는 다양한 문학상 공모전에서 수상한 바 있을 정도로, 수준 높은 표현기법과 이미지 구현, 낯설게 하기, 즉 새로운 해석을 내놓고 있어, 눈길을 끈다. 여기에 인생의 맛을 일구는 감동의 전율까지 보태져, 시의 특질을 고루 보유하고 있어, 작품의 완성도가 아주 높다. 작품의 깊이와 작품성이 조화를 이뤄, 독자의 마음을 흡족하게 해주는 시집으로 이렇게 향긋한 열매를 맺게 되어, 진심으로 축하드린다.

앞으로 제4, 제5의 시집도 엮어내어, 독자들의 꾸준한 사랑, 한결같은 찬사를 받아내기를 빈다. 여생 동안 시 창작의 아름다운 오솔길을 벗어나지 않기를 소망해 본다.

- 선선하고 청명한 날씨 아래 시 낭송하는
아름다운 정경을 넋잃고 바라보면서
한실문예창작(12개 문학회) 지도 교수 박덕은

(문학박사, 전 전남대학교 교수, 국어국문학과장 역임,
대한시문학협회 회장, 박덕은 미술관 관장,
광주시민사회단체(523개)총연합회 대표회장, 노벨재단 이사장,
시인, 소설가, 동화작가, 문학평론가, 중앙일보 신춘문예 당선,
전남일보 신춘문예 당선, 새한일보 신춘문예 당선, 광주문학상(제1회),
전라남도문화상, 김현승 문학상, 빛고을 문학상 수상,
저서 『현대시장작법』, 『현대소설의 이론』, 『문체론』 등 132권 발간)